ÉLOGE

DE

LOUIS DAUPHIN

DE FRANCE,

Par M. THOMAS.

Noscere provincias, nosci exercitui, discere à peritis, sequi optimos, nihil appetere jactatione.
Imperare posset magis quàm vellet. *Tacit.*

A PARIS,

Chez REGNARD, Imprimeur de l'Académie Françoise, Grand'Salle du Palais, & rue basse des Ursins.

M. DCC. LXVI.

ÉLOGE

DE

LOUIS DAUPHIN

DE FRANCE.

EN célébrant le Prince que la France regrette, ce n'est pas un vain éloge que j'entreprends. Qu'importent à une cendre infensible nos regrets & nos louanges ! Quelques vérités utiles à ceux qui comme lui font deftinés à gouverner, honoreront plus fa mémoire que les larmes que nous pouvons verfer fur fa tombe. O vous qui le pleurez, c'eft là l'hommage qui eft digne de lui. Je vais rendre compte à la Patrie de fes travaux, de fes penfées, de tout ce qu'il eût voulu faire pour la rendre heureufe. Je fais que moiffonné à la fleur de fon âge, il n'a pu former

A ij

que des vœux pour l'Etat ; mais fa mémoire ne
doit pas nous en être moins chere. Qu'avoit fait
pour Rome ce Germanicus dont le nom eft encore aujourd'hui fi célébre ? Il remporta quelques
victoires , mais il ne fit rien pour le bonheur de
Rome. Il fut vertueux ; voilà fa gloire. Tous les
Romains le pleurerent. Les ennemis de l'Empire
ne furent pas infenfibles à fa mort ; & la plume de
Tacite traça fes vertus à la poftérité. Trop infé-
rieur à ce grand Homme par les talens , j'afpire
à l'égaler dans l'amour des vertus. J'aurai du moins
la gloire de l'imiter en louant un Prince , qui a
paffé quinze ans à fe rendre digne de régner , &
qui n'eut de défir que celui de voir les hommes
heureux.

J'ofe attefter ici la Patrie & la Vérité , que je
ne dirai rien qui ne foit dicté par l'amour du bien
public , & dont j'aye à rougir devant l'Etre qui
voit les cœurs des hommes. Si jamais le menfonge
n'a fouillé mes écrits , fi la flatterie n'a jamais
corrompu mon ame , ô Prince , ce n'eft pas en te
louant que je commencerai l'apprentiffage de la
baffeffe & du vice. Tu vécus vertueux , & ton ame
dédaigneroit de vils éloges que tu n'aurois pas
mérités.

Ceux qui avoient la confiance de ce Prince ,
ceux qu'il nommoit fes amis , ne trouveront point
leur nom dans cet ouvrage. C'eft à la Nation

qui les connoît à les loüer. C'eſt à eux à faire leur renommée par leurs vertus ou leurs talens. Qu'ils méritent les éloges publics, & la Patrie reconnoiſſante les pleurera auſſi quand ils ne feront plus. Mais vous, ô reſtes de lui-même, ô gages d'une union tendre & ſacrée, jeunes Princes, & vous ſur-tout qui devez ſuccéder à ſon rang, Enfant de l'Etat & de la Patrie, en écrivant ce foible ouvrage, mon cœur s'occupera ſouvent de vous. J'oſerai quelquefois vous parler de vos devoirs. J'oſerai mettre devant vos yeux une grande Nation dont vous êtes l'eſpérance. Déja mon cœur en vous parlant éprouve cette émotion délicieuſe qu'inſpire l'amour de ſon pays. Ah ! puiſſiez-vous éprouver bientôt vous-mêmes ce ſentiment ſi doux, préſage du bonheur de nos enfans & de nos neveux ! Puiſſiez-vous, Prince, vous accoutumer de bonne heure à écouter la voix de la Patrie & de la Vérité !

La naiſſance de LOUIS DAUPHIN parut être un bienfait du Ciel. L'arriere-Petit-Fils de LOUIS XIV, à peine échappé des ruines de ſa Maiſon, alarmoit l'Etat par une foible ſanté. Une maladie dangereuſe l'avoit preſqu'enlevé aux vœux de la Nation. Le ſang de ce Duc de Bourgogne adoré eût été tari pour la France. L'incertitude de l'avenir, des orages paſſés, des prétentions

qui pouvoient acquérir de la force, tout inquié-
toit & alarmoit nos peres. L'Etat fatigué des
longues agitations du régne de LOUIS XIV, ne
défiroit que le repos. C'eft dans ces circonftances
que naquit LOUIS DAUPHIN DE FRANCE.
La naiffance d'un Enfant qui doit régner eft un
grand événement pour l'Univers. Ce moment dé-
cide peut-être fi un Peuple entier pendant quarante
ans doit être heureux ou malheureux : & tandis
que le Peuple qui n'a jamais que la penfée du
moment, entoure avec des bénédictions le berceau d'un Enfant, le Citoyen fage & fenfible leve
fes mains au Ciel, & demande à Dieu que cet
Enfant foit jufte.

Le DAUPHIN étoit né pour le bien ; mais il
falloit commencer par foutenir la plus terrible des
épreuves, celle de fon rang. Il étoit Prince, &
il le favoit. Dans un âge où l'efprit ne voit aucuns
rapports, où l'ame eft trompée par les fens fans
être aidée par la réflexion, où les événemens n'ont
pu donner de forme au caractere, comment ré-
fifter à toute la pompe de l'éducation royale ?
Comment foupçonner l'égalité des hommes, lorfque tant de refpects effacent cette idée ? Comment fentir fa foibleffe, parmi tant de forces aux-
quelles on commande ? Pour rompre ce charme
dangereux, il faudroit mettre l'Enfant aux prifes
avec la Nature, il faudroit lui donner l'éducation

invincible des événemens & de la néceffité, le familiarifer avec fa foibleffe, le fatiguer fous fa propre ignorance. Il faudroit fur-tout l'élever hors des Cours, lui cacher peut-être fon rang, & ne lui apprendre ce fecret que lorfqu'il auroit affez de vertu pour en être épouvanté. Mais ces vues ne paroîtront que des chimeres au plus grand nombre des hommes ; & l'habitude, le plus fort des empires, gouvernera toujours les Peuples & les Rois.

La Religion avec la probité préfida à l'éducation du Prince ; mais il retira peu de fruits de ces premieres années. La Nature lui réfervoit la gloire de fe créer lui-même ; & dès qu'il fe connut, il recommença fon éducation. Il fe livra d'abord aux charmes de cette littérature fi touchante pour ceux qui la cultivent, fi dédaignée par ceux qui ne fentent rien. Il prêtoit l'oreille à la tendre harmonie des Poëtes. L'Orateur de Rome portoit dans fon ame la douce impreffion de fon éloquence. L'étude des Langues lui ouvrit tous les fiecles & tous les pays. Il apprit à juger les Nations dans leurs ouvrages. Tous les Arts vinrent former fon goût. Il admiroit cette efpece de création qui donne de la vie aux couleurs, des paffions au marbre, du mouvement à l'airain. Un Art plus enchanteur encore vint s'emparer de fon ame, c'eft celui qui fait naître le fentiment de

A iv

l'harmonie des fons. La Mufique, qui chez les Anciens faifoit partie de la politique, devroit peut-être entrer dans l'éducation de tous les Princes. Trop portés par leur élévation à une certaine fierté de caractere, peut-être feroient ils heureux de n'être pas infenfibles à un Art, qui en réveillant les plus douces émotions dans l'ame, la difpofe à l'attendriffement & à la pitié.

Je ne crains pas qu'on reproche au Dauphin la connoiffance & le goût de ces Arts d'agrément. Chargé de les protéger, le Prince doit les connoître. Lui feul peut les porter au grand ; lui feul peut lutter contre la pente invincible qui, dans les temps de luxe & de molleffe, force le talent à fuivre le cours de fon fiecle, & à fe rétrécir ou fe corrompre. Mais leur connoiffance ne forme dans le Prince qu'une éducation de fentiment & de goût. Il en eft une autre plus relative au bonheur des Peuples & au devoir des Rois, & qui eft le fruit combiné des études les plus profondes.

Comme il eft un moment dans la Nature où la raifon fe forme, où l'exiftence s'étend, où l'homme, qui jufqu'alors n'avoit vécu que pour lui-même, vit dans fes femblables & s'agrandit par fes rapports ; il eft un moment pareil où le jeune Prince, digne de gouverner un jour, commence à naître pour fes Etats, & voit pour la premiere

fois les rapports qui le lient au fort de vingt millions d'hommes, & qui lient vingt millions d'hommes à lui. D'abord il s'étonne & s'enorgueillit
peut-être. Bientôt il eſt effrayé. Telle eſt la révolution qui ſe fit dans le DAUPHIN de la France il y
a quinze ans.

Il avoit aſſez de lumieres pour ſentir que l'étude
du gouvernement avoit beſoin d'un eſprit vigou-
reux & profond, accoutumé à réfléchir & à commander à ſes idées. La penſée, comme un cour-
ſier rebelle, réſiſte à ceux qui n'ont pas pris l'habitude de la dompter. Il vit donc qu'il falloit
d'abord travailler ſon eſprit, & former l'inſtrument avant de commencer l'ouvrage. Il ſe jetta
dans l'étude des Livres philoſophiques. D'abord il
étudie la Logique de ces ſolitaires célébres, ad-
mirateurs, rivaux & compagnons de Paſcal. C'eſt
là qu'il apprend cet Art qu'on a réduit en regles,
de lier enſemble ſes idées, & de paſſer de l'une à
l'autre en les enchaînant par leurs rapports. Pour
juger combien cet Art eſt utile au Prince, qu'on
penſe qu'un faux raiſonnement dans un Conſeil
a ſouvent préparé la chute d'un Etat. Ces ſe-
cours ne lui ſuffiſoient point. Il s'applique à l'étude
des Philoſophes les plus célébres. Le pere & le
créateur de la philoſophie moderne lui offre ſa
méthode & ſon doute. Il recherche avec Malle-
branche les erreurs de l'imagination & des ſens,

& s'affure du caractere de la vérité. Il fuit pas à pas dans Loke la marche & le développement de l'efprit humain. Ces ouvrages faifoient les délices de ce Prince & l'objet de fes méditations. C'étoit là qu'il mûriffoit fon efprit pour des études plus relevées. Il y a plus de rapport qu'on ne croit entre l'efprit du Philofophe & celui du Prince. Dans tous les deux l'inftrument eft le même ; l'objet feul des travaux eft différent. Tous deux doivent apprendre à généralifer leurs idées, à faifir de grands réfultats, à fuivre l'enchaînement des effets & des caufes. Tous deux doivent fe faire des principes qui affurent leur marche, autour defquels ils puiffent raffembler les détails & les lier d'une chaîne commune. Tous deux doivent appuyer ces principes, non fur le préjugé, fur des idées paffageres & des conventions d'un moment ; mais fur l'ordre & les rapports immuables des chofes. Tous deux enfin doivent éviter l'efprit de fyftême qui égare au lieu de guider. C'eft dans les mêmes vues que le DAUPHIN avoit étudié l'hiftoire immenfe de la Philofophie. Ce vafte tableau des opinions & des erreurs lui apprenoit à connoître l'efprit humain ; il voyoit quelles opinions ont été liées avec les climats, les fiécles, les gouvernemens & l'influence qu'elles ont eu fur le fort des Peuples & des Rois.

Quand il eut effayé fon ame, & développé en

lui cette portion de l'esprit philosophique qui suit
la chaîne des objets, il se livra tout entier à l'étude
qui devoit l'occuper le reste de sa vie. D'abord il
se forma pour lui-même un plan raisonné de tous
les objets du Gouvernement.

Il n'y a des Peuples & des Rois que depuis que
les sociétés sont établies. Pour connoître l'étendue
du pouvoir souverain, il étoit donc remonté à
l'origine de ces grands corps, qui rassemblant les
hommes épars sur la terre, ont formé de toutes
les volontés une seule volonté, & de toutes les
forces divisées une force publique & générale.
C'est dans ce moment qu'il avoit vu la souveraineté
élever sa tête au milieu des hommes. Elle étoit
appuyée sur la Loi ; mais elle paroissoit marcher
entre le Despotisme & l'Anarchie ; & la Loi vigi-
lante mesurant ses pas, la tenoit toujours à une
égale distance de ces deux termes. Le DAUPHIN
avoit médité tous ces Livres célèbres, qui en
marquant les rapports du Souverain avec le Peuple,
ont établi les fondemens du Droit public. Mais
la droiture de son ame, qui cherchoit toujours la
vérité, ne lui faisoit voir souvent qu'avec indi-
gnation dans ces Livres vantés les préjugés de
l'homme mis à la place des loix de la Nature, la
force érigée en droit, le sang des peuples vendu
aux caprices de la tyrannie, la servitude autorisée
par des raisonnemens d'esclaves, la dignité de la

nature humaine méconnue par des hommes , le
peuple calomnié devant ses chefs , & des Ecri-
vains foibles ou mercénaires, qui assez hardis pour
se charger de la cause du genre humain , la tra-
hissoient indignement pour un vil intérêt d'honneurs ou de fortune. Il sentoit que la grandeur des
Souverains étant d'être justes , c'étoit offenser les
Rois que de leur livrer les peuples comme des
troupeaux. C'est dans ces vues d'humanité qu'il
avoit pesé le droit de la guerre. Je goûte une
satisfaction bien douce, en apprenant aux hommes
qu'il y avoit un Prince destiné à régner sur eux ,
qui n'avoit que de l'horreur & de mépris pour ce
brigandage insensé. Il ne croyoit pas que la con-
quête d'une Province pût être mise en balance
avec la vie d'un homme ; & le Prince qui rem-
portoit une victoire injuste , lui paroissoit être
autant de fois assassin & meurtrier, qu'il périssoit
d'hommes sur le champ de bataille.

Instruit de l'origine & de l'étendue du pouvoir
souverain, & du rapport des Nations avec les Nations, il cherche les moyens de procurer à l'Etat
qui doit lui être confié , la plus grande félicité du
plus grand nombre ; mais pour y parvenir , il faut
qu'il connoisse des hommes. Un DAUPHIN ne les
voit point agir. Il ne les entend pas. Sa dignité qui
en impose, arrête toutes les passions. Le Prince qui
pen ant trente ans n'a vu que des courtisans , n'a

d

pas encore vu d'hommes. Il a donc befoin d'être tranfporté dans un pays nouveau, où la nature fe déploye avec toutes fes foibleffes, où l'on voye le jeu de tous les refforts, où les vices n'ayent plus de mafque, où les fourberies politiques portent leur nom. Ce pays eft l'hiftoire. Le DAUPHIN la parcourt avec avidité. Il voit dans les hommes qui ont vécu, ceux qu'il doit gouverner un jour. Il y trouve la morale toujours incertaine des Particuliers, & la morale encore plus flottante des Etats. Il y étudie l'art de faire fortir du milieu de tous ces chocs & de toutes ces réfiftances, la plus grande fomme de bonheur. Les hommes qui ont régné, attirent fur-tout fes regards. Si tout à coup on tranfportoit un jeune Prince dans un vafte & immenfe maufolée, où les cendres de tous les Souverains qui ont exifté fur la terre, Rois, Pontifes, Empereurs, ou Califes, fuffent réunies, & qu'il pût voir écrit fur chacune de ces urnes royales le jugement des Nations & de la Renommée, là le refpeft & l'amour, ici la haine & le mépris, quelle impreffion ne feroit pas fur lui ce grand fpeftacle ? Voilà ce qu'eft l'hiftoire pour le Prince. Du milieu de tous ces tombeaux, il voit s'élever l'image redoutable de la poftérité qui lui crie, c'eft ici que tu feras toi-même placé, c'eft ici qu'un jour tu dois être jugé. L'hiftoire des Républiques anciennes avoit élevé fon ame par le fpectacle des vertus. Les Etats modernes, malgré le vice & la foibleffe de leurs inftitutions, lui avoient offert des leçons utiles. Mais il s'arrête fur l'hiftoire de la France. Ses loix & fa conftitution, les droits des Rois & ceux des Peuples, les maux de l'anarchie & les maux du defpotifme, la fource de la grandeur ou de la décadence dans chaque époque, les avantages ou les abus de chaque principe d'adminiftration, les orages des guerres civiles, les convulfions du fanatifme, le choc des deux pouvoirs rivaux, les fuites cruelles d'une autorité ufurpée ; il cherche à tout voir & à profiter de tout. Il fuit avec attention à travers les différens fiecles l'origine, les progrès & les changemens de ces puiffances intermédiaires qui font de l'effence des Monarchies, qui confervent le dépôt des Loix, & veillent fur les formes dont doit être revêtue l'autorité fouveraine. C'étoit dans cette hiftoire qu'il avoit appris à connoître & à juger fa Nation. Il avoit vu dans tous les temps de la Monarchie une Nation aimable & généreufe, gaie dans le malheur, brave dans les combats, plus près de l'excès que de l'opiniâtreté du courage, plus faite pour être gouvernée par les mœurs que par les loix, plus fenfible à l'opinion qu'à la vertu, auffi impétueufe dans fa foibleffe que dans fa force, brillante & légere, profondément occupée aujourd'hui de ce qu'elle

oubliera demain , ardente , capable d'enthou-
siafme, incapable des grands crimes, & peut-être
de tout ce qui demande de l'énergie & de la fuite
ou dans le bien ou dans le mal. Il penfoit qu'une
telle Nation avoit plus befoin de Chefs qu'une
autre pour la conduire ; que les principes qui lui
manquoient, devoient être dans la tête du Prince ;
qu'en donnant une ame à cette force impétueufe,
on pouvoit vaincre les plus grandes réfiftances ;
que le reffort de l'honneur , plus fort que les
récompenfes & que les peines, pouvoit fuppléer
à toutes les vertus , & rendre toutes les paffions
utiles.

L'Hiftoire lui avoit donné la connoiffance des
hommes ; mais elle ne pouvoit lui donner celle
des Provinces & de l'état actuel du Royaume.
Le Duc de Bourgogne fon aïeul, avide comme
lui de s'inftruire, avoit demandé des Mémoires
aux Intendans. Mais il ne fe trouva qu'un feul homme, ou inftruit, ou actif, ou digne de fervir la Patrie & le Prince ; & l'héritier de la France ne put
parvenir à la connoître. Inftruit par cet exemple ,
le DAUPHIN défiroit de voyager lui-même dans
les Provinces. Il fentoit que c'étoit là une des
meilleures parties de l'éducation d'un fils de Roi.
En effet, qu'apprend-on dans une Cour ? Quel
fpectacle y vient intéreffer l'ame ? Quels malheureux y réveillent la fenfibilité ? Quels objets y

éclairent l'esprit & agrandissent ses connoissances ? Du luxe, de l'orgueil & du faste, voilà les leçons des Cours. C'est en parcourant les Provinces, qu'un fils de Roi deviendroit homme & politique. C'est là qu'il pourroit estimer les forces d'une Nation : car la Nation n'est point dans les Palais ; elle est dans les sillons des campagnes, sous le chaume du Laboureur, dans l'atelier de l'Artisan, sous les toits obscurs de la médiocrité. C'est là que sont les armées & les flottes, les mains qui nourrissent l'Etat, les bras qui le défendent, les arts qui l'enrichissent. Près des Cours on ne sent ni la misere ni la dépopulation d'un Etat. A mesure que les campagnes se dépeuplent, la capitale se remplit. L'or, par une pente invincible, y coule sans cesse du fond des Provinces. Le luxe même y cache la misere ; & l'indigence, poursuivie par la honte, apprend, pour lui échapper, à imiter la richesse. Mais dans les Provinces on voit à découvert l'état d'un Royaume. S'il est malheureux, la misere y traîne ses lambeaux ; la pâleur y décele le besoin. Dans le silence des campagnes, on entend mieux les cris des enfans qui demandent du pain à leur mere affamée. La vue d'une chaumiere qui tombe en ruine ou d'une grange entr'ouverte, feroit naître plus d'idées utiles au Prince que toute la pompe des Palais des Rois. Le DAUPHIN étoit vivement

ment frappé de l'utilité de ces voyages. Et lorfqu'il commença à s'affoiblir, lorfqu'il efpéroit
encore, & que la France efpéroit avec lui, le premier ufage qu'il eût voulu faire de fa fanté, ô
Peuples, eût été l'exécution de ce projet. Mais
s'il y a des connoiffances qu'il étoit obligé d'attendre, il alloit au-devant de celles qui ne dépen-
doient que de l'activité de fon efprit.

Il avoit vu que tout gouvernement utile aux
Peuples eft fondé fur les Loix. Il veut donc les
connoître. Mais le Prince n'a pas befoin de les
étudier comme le Magiftrat. Celui-ci doit en
fuivre les détails ; l'autre doit en faifir l'enfemble
& l'efprit général. Lorfque le D A U P H I N commença cette grande étude, depuis quelques années paroiffoit en France ce Livre célébre, où
toutes les Loix de l'Univers font envifagées
fous tous leurs rapports. Le D A U P H I N l'avoit
lû avec la réflexion d'un Homme d'Etat. L'obfcurité répandue quelquefois fur cet ouvrage utile,
& profond lors même qu'il ne paroît pas l'être, lui
fit défirer d'entendre & de confulter l'Auteur lui-
même. Déja il étoit affez inftruit pour l'admirer
fouvent, & le combattre quelquefois. Il lui propofa
fes doutes ; & tel fût le fuccès de ces conférences,
que le D A U P H I N aima toujours & refpecta ce
grand Homme, lors même qu'il ne penfoit pas
comme lui. Ainfi un Roi célébre du Nord confulta.

B

Léibnitz fur la Légiflation ; & le Philofophe
eut la gloire d'éclairer le Prince.

Fidéle au plan qu'il s'eft tracé , il defcend de
ces idées fur toutes les Loix du Monde , aux
Loix particulieres de la France. Il avoit jeté
les yeux fur ce chaos. Il avoit vu prefque toutes nos Loix politiques & civiles prendre leur
fource dans ce gouvernement fingulier qui établit
à la fois la dépendance des chofes & celle des perfonnes , fit naître une foule de droits fur un même
Domaine, créa des Seigneurs, fit des maîtres, &
oublia les hommes , compofa la puiffance fouveraine d'une foule de petits pouvoirs enchaînés &
dépendans , dont la chaîne fe relâchoit à mefure
qu'elle deveroit plus étendue , efpece d'ariftocra-
tie tumultueufe & de defpotifme divifé , qui avoit
la dépendance des Monarchies fans l'activité de
fon principe , & les troubles des Républiques fans
leur liberté. Du fein de ce gouvernement féodal
le DAUPHIN avoit vu fortir nos Loix fur les dif-
tinctions des biens , fur celles des perfonnes , fur
les privileges des rangs , fur les droits des Domai-
nes , fur les fucceffions des Citoyens & la foule
prefqu'innombrable de nos Coutumes. La France
lui parut comme accablée fous le fardeau de fa
légiflation ; & il défiroit qu'en écartant ce qui eft
fait pour d'autres fiecles ou d'autres mœurs , on
mît enfin une jufte harmonie entre nos befoins &
nos Loix.

Dans l'étude des Loix criminelles, il s'élevé jufqu'à ce point de la morale politique, qui tend plus à prévenir les crimes qu'à les punir, & empêche le Légiflateur d'en être le complice. Les mœurs, autre efpece de Loi qui dirige l'opinion publique & qui en fait la force, avoient également fixé fon attention. Mais il voyoit avec douleur que ce reffort s'affoibliffoit tous les jours parmi nous. On l'a entendu déplorer cette vénalité honteufe qui a mis un prix à tout, même à la vertu. On l'a entendu chercher par quels moyens on pourroit remettre l'or à fa place, jufqu'où pouvoit s'étendre l'influence des Chefs fur le caractere des Peuples, & fi dans la Cour d'un Monarque, en dirigeant utilement la dépendance & l'intérêt, on ne pourroit pas faire fervir les vices même d'inftrument aux vertus.

Mais en remarquant dans fon fiecle cette pente générale des ames vers la corruption & l'amour de l'or, il avoit vu dans tous les efprits une fecouffe utile, qui les portoit à la recherche de tous les grands objets de la politique. Chaque fiecle a fon efprit & fon caractere. Le Prince eft fur la hauteur, & fa fonction eft d'obferver la pente & le cours du torrent. S'il a du génie & une véritable force, il le devance. Quand la direction eft funefte, il fe met au devant pour la rompre. Mais s'il eft fans vigueur & fans énergie dans l'ame, & qu'il refte derriere le torrent qui entraîne la Nation, alors il n'eſt point fait pour ſon ſiecle, & ſon ſiecle n'eſt point fait pour lui. Il perd & laiſſe échapper le moment de cette utile fermentation. Alors la Nature s'eſt trompée ; & faute d'avoir établi le rapport néceſſaire entre une ame & celles de quelques milliers d'hommes placés autour de celle-là, ſon but eſt manqué, & l'ouvrage de l'humanité perfectionnée reſte encore ſuſpendu pour des ſiecles. Le DAUPHIN ne vouloit point que s'il étoit un jour appellé au Trône de la France, il pût ſe reprocher de n'avoir pas fait aux hommes tout le bien qu'il pouvoit leur faire. Il ſavoit que l'agriculture, le commerce & les finances ſont les trois grands reſſorts dans les Etats modernes, comme la vertu & l'amour de la Patrie dans les conſtitutions anciennes ; & il avoit réſolu de s'inſtruire à fond ſur tous ces objets de l'économie politique. O vous, qui que vous ſoyez ſur la Terre, qui êtes deſtinés à régner, vous qui êtes aſſis ſur les marches des Trônes, apprenez par l'exemple de ce Prince à vous inſtruire. Le Statuaire s'exerce à manier le ciſeau. Le Peintre étudie l'art des couleurs & deſſine les têtes de Raphaël. L'Architecte va parmi les ruines antiques meſurer les colonnes, & lever les proportions des Palais. Le plus difficile des Arts, l'Art de régner eſt-il donc le ſeul qu'il ne faille point apprendre ? Autrefois dans des Etats

moins grands , & où les mœurs faifoient prefque
tout , la vertu peut-être fuffifoit pour gouverner
les Hommes. Mais aujourd'hui les Etats font de
vaftes machines. Pour en diriger les refforts, il faut
les connoître. Un feul qui fe dérange arrête tous
les mouvemens. Vous ne pouvez vous tromper ,
qu'une Nation ne foit malheureufe. Un feul Edit
mal calculé fur les finances peut porter le défefpoir dans vos campagnes , & ôter cent mille bras
à la Patrie. Une feule erreur fur le commerce
peut fermer vos Ports , & repouffer loin de vous
les richeffes étrangeres. Les guerres injuftes , les
batailles perdues ne font que des fléaux d'un moment : mais les erreurs politiques font le malheur
d'un fiecle , & préparent le malheur des fiecles
fuivans. Le DAUPHIN étoit frappé de ces vérités
terribles , & il regardoit comme le premier devoir
de fon rang d'acquérir des connoiffances écono-
miques ; il les cherchoit dans les livres , dans les
converfations , dans des conférences réglées avec
des hommes inftruits. Il avoit donné une attention particuliere au commerce , qui de tout temps
a eu tant d'influence fur les Etats , mais qui aujourd'hui eft devenu prefque la bafe de la politique
de l'Europe. En effet , depuis que l'or eft la mefure de tout , depuis que la grandeur des Etats fe
calcule , les moyens d'acquérir de l'argent , & les
canaux qui le portent , font devenus le premier

objet de l'adminiftration. C'eft dans les comptoirs
des Marchands qu'on fe difpute les mers & les
champs de batailles. Le DAUPHIN étudioit le
commerce en Homme d'Etat. L'agriculture qui
en eft la fource & la bafe , l'induftrie qui l'étend
en appropriant les productions aux befoins des
Peuples , la liberté qui en eft l'ame , & qui par la
confiance l'attire des bouts de l'Univers , le cré-
dit public qui l'affermit en multipliant les richeffes
réelles par des richeffes fictives , le change qui le
facilite en fixant la proportion entre les valeurs
relatives des fignes , enfin cette balance utile du
commerce , qui eft aujourd'hui celle du pouvoir,
& qui eft le réfultat de l'équilibre entre ce que
l'on donne & ce que l'on reçoit ; tous ces objets
avoient été tour à tour le but de fes méditations
& de fes recherches. Il avoit joint à cette étude ,
celle des finances qui devroient foutenir le commerce , & qui trop fouvent le détruifent. S'il eft
utile à un Prince d'être inftruit de cette branche
de l'adminiftration , c'eft fur-tout dans ces crifes
violentes où les refforts de l'Etat font prefque
forcés , quand l'Etat créancier & débiteur de lui-
même , s'effraye de fes engagemens , quand les
remédes font prefque auffi dangereux que les
maux. C'eft alors que le Prince a le plus befoin de
lumieres pour comparer & pour choifir. Témoin
de toutes les fecouffes qui depuis quelques années

agitoient l'esprit national sur cet objet ; le Dauphin suivoit d'un œil attentif tous ces mouvemens, & saisissoit tous les traits de lumiere qui sortoient du choc des opinions & des systêmes. Il avoit lu avec autant d'avidité que d'attention les Mémoires de ce fameux Ministre de Henri IV, qui sera éternellement célébre, & pour le bien qu'il fit, & pour celui qu'il voulut faire. Il l'admiroit également, soit qu'en rétablissant l'ordre, il arrachât le Peuple à ceux qui le dévoroient, soit que par une intrépide économie il éteignît les dettes publiques, & pourvût aux besoins de l'Etat sans nuire à ceux du Citoyen. Le sage & courageux Sulli lui paroissoit le modele des Ministres, comme Henri IV le modele des Rois. Avide de s'instruire, il a recours à tous les Hommes d'Etat. Les uns l'instruisoient par leurs discours, & les autres par leurs écrits. La science patriotique veilloit souvent par les ordres de ce Prince pour lui composer des Mémoires. C'est de ces Mémoires comparés qu'il tâche d'extraire la vérité. Il rapproche les systêmes. Il pese les avantages. Il pressent les abus. Dans les grands ouvrages il saisit les principes, & s'applique ensuite à dévélopper lui-même les conséquences. Dans d'autres il sépare les vérités mêlées à des erreurs. Souvent il remonte au principe des erreurs même, parce qu'il est utile de voir comment on peut s'égarer.

Il cherche le bien qui eſt quelquefois à côté du
mal , & le mal qui trop ſouvent touche aux limites du bien. Il apprend à diſtinguer la ligne prefque inviſible que la Nature a tracée pour les Etats
comme pour les Hommes , & ſur laquelle ſe trouve
le bien politique comme le bien moral. Souvent
il développe ſes idées par écrit , il les enchaîne
par la méthode , & ſe forme une chaîne de principes qui lui préſente en un inſtant le ſpeĉtacle &
le fruit de pluſieurs mois d'étude. Je voudrois
pouvoir citer ces écrits précieux , ils loueroient
mieux ce Prince que ma foible voix. Mais ces
écrits appartiennent à l'Etat. C'eſt le plus noble
héritage qu'il ait laiſſé. Ils ſeront pour ſes Enfans
l'image de ſon eſprit & de ſon ame ; & même après
ſa mort quelque choſe de lui ſera encore utile à la
Patrie.

Je n'ai point encore parcouru tout le cercle
de ſes connoiſſances ; & il en avoit d'autres qu'on
ne devoit point attendre d'un Prince qui n'étoit
preſque jamais ſorti de la Cour. On ſera étonné
d'apprendre qu'il connoiſſoit la Marine , comme
s'il eût habité long-temps ſur des vaiſſeaux. Des
Officiers de Mer interdits de l'entendre , ſe de-
mandoient où il avoit appris le pilotage & l'art
de la manœuvre. C'eſt ainſi que ce Prince avoit
embraſſé tous les objets de l'adminiſtration publique. Au milieu d'une Cour & dans l'âge des

paffions , il s'étoit livré à des études profondes.
Je n'exagere rien , en difant que les heures qu'il
n'employoit point à fes travaux , lui paroiffoient
perdues. Nous favons aujourd'hui qu'il en donnoit trop peu au fommeil , & qu'il forçoit la nuit
à lui rendre le temps que les bienféances & les
devoirs lui avoient enlevé pendant le jour. O
Peuples ! c'étoit vous qui étiez le but de fes travaux. C'étoit votre bonheur dont il s'occupoit.
De fon cabinet folitaire , où fi fouvent il médita
en filence , il parcouroit vos Campagnes & vos
Villes. La douce image de la félicité publique
venoit errer devant fes yeux , & le foutenoit la
nuit au milieu de fes veilles. Quelle eft l'ame
dure , quel eft le Citoyen infenfible & glacé qui ,
en voyant ainfi un jeune Prince fe dévouer tout
entier au travail pour le bonheur public , ne fe
fente attendri par la reconnoiffance & par l'a-
mour ?

Un homme remercia le Ciel d'être né du temps
de Socrate , pour l'entendre & devenir meilleur.
Le DAUPHIN le remercioit de l'avoir fait naître
dans un temps où il pouvoit trouver affez de lumieres pour s'inftruire. En effet , nous fommes
dans le fiecle où les Rois peuvent apprendre &
faire de grandes chofes. Le temps n'eft plus où
l'Europe étoit divifée en un certain nombre de
Gouvernemens gothiques & barbares , fondés fur

l'ignorance & fur des coutumes de Sauvages. Le Peuple a ceffé d'être efclave ; les Nobles ont ceffé d'être tyrans ; le defpotifme a chaffé l'anarchie ; les mœurs ont affoibli le defpotifme ; l'intérêt & les fiecles ont amené les lumieres ; on connoît mieux les rapports de tout ; on a balancé toutes les conftitutions ; on a perfectionné tous les Arts ; il s'agit enfin de perfectionner la Société : c'eft le grand but de la Nature ; ce doit être l'ouvrage des Rois. Quelques hommes ramaffent les pierres de l'édifice, & en deffinent le plan ; mais c'eft aux Rois à le conftruire. Ils ont l'empire de la force ; qu'ils y joignent l'empire du génie : la force alors fera dans chaque état ce qu'elle eft dans la conftitution du Monde, le lien de toutes les parties, le principe de l'harmonie univerfelle. Mais pour produire ces grands effets, il faut que les Princes ayent paffé la moitié de leur vie à s'inftruire, & qu'ils paffent le refte à commander. O toi que nous regrettons, ô Prince ! tu n'as rien fait pour nous, mais le Citoyen fenfible n'honorera pas moins ta cendre de fes larmes. Ton cœur a entendu le vœu de l'humanité. Tu as connu tes devoirs. Tu les a remplis. Tu as donné au foin pénible de t'inftruire tes plus belles années. Tu as cherché tous les moyens de faire un jour du bien aux hommes. Tu es quitte envers la Nature & la Patrie, & c'eft à nous à te pleurer.

Il est des Princes dont l'éloge est fini , quand on a loué leurs talens. Jamais le doux nom de la vertu ne fut fait pour eux. Ils étonnent , mais ils n'ont pas le droit d'attendrir & d'intéresser. Le Prince à qui nous offrons cet hommage , joignit à des connoissances profondes le mérite plus rare d'être vertueux. C'est un exemple de plus pour ceux qui doivent régner ; c'est un encouragement utile pour nous-mêmes , dans des temps où la vertu peut-être est devenue pénible. Ah ! si dans le dernier rang même elle mérite les éloges & le respect , ne l'honorerons-nous point placée près du Trône ? Ne soyons point ingrats , & n'oublions pas du moins qu'elle est utile.

Si l'homme est grand dans la nature , c'est par-ce qu'il peut perfectionner son ame. L'Univers physique obéit en aveugle aux loix qui le dirigent. Les limites invariables des êtres sont posées , & ils ne connoissent pas même la perfection qui leur manque. L'homme seul , en travaillant sur lui-même , peut ajouter à l'ouvrage de la nature ; il peut agrandir ses vertus , s'en créer de nouvelles , & perfectionner ses sentimens comme ses idées. C'est le devoir de l'homme , c'est sur-tout le de-voir du Prince. Né pour commander aux Nations, il faudroit que la perfection de son ame suivît les rapports de sa puissance; il doit donc se mesurer sans

cesse avec l'étendue de ses devoirs, pour se rendre
meilleur. Telle fut (& cet éloge donné à un Prince
n'est point une flatterie) telle fut la constante
occupation du D A U P H I N pendant les quinze
dernieres années de sa vie. Il étudioit l'art des
vertus, en même temps qu'il apprenoit l'art des
Rois, ou plutôt ces deux arts font le même. Le
premier devoir du Prince est de se commander :
le D A U P H I N exerça de bonne heure sur lui
cet utile empire. Pourquoi craindrions-nous de
dire qu'il avoit reçu de la nature des passions
ardentes, & cette fierté qui dans un Particulier peut toucher à la grandeur, mais qui dans
un jeune Prince devient trop aisément de l'orgueil. Je ne parle point de cet orgueil utile qui
fait faire de grandes choses, mais de celui qui
rétrécit l'ame au lieu de l'étendre, & blesse
l'humanité sans servir à l'Etat. Heureusement il
connut bientôt que plus on est élevé, plus on est
obligé de faire pardonner son rang, que les hommes refusent par orgueil ce que l'orgueil exige,
& que ce n'est qu'en leur faisant du bien qu'il
faut leur apprendre qu'on est au-dessus d'eux. Son
esprit plus développé lui porta dans la suite les
grandes idées de l'égalité des hommes ; mais il
avoit déja commencé à travailler fortement sur
lui-même. Un penchant impétueux le portoit à la
colere : ce sentiment qui rendit Alexandre meur-

trier de son ami , & Théodose assassin de vingt
mille de ses sujets , l'effraya dès qu'il le connut.
Bientôt il sut se vaincre , & telle étoit à la fin la
douceur inaltérable de ses mœurs , qu'il n'avoit
plus même le mérite de combattre. Je sais que
des Princes sont parvenus à se vaincre par vanité.
La vanité étoit dans leur ame le contrepoids des
passions ; & ils aimoient mieux se tourmenter par
des sacrifices , que se déshonorer par des foibles-
ses. Dans le DAUPHIN ces combats généreux
avoient pour principe la vertu même : la vertu ,
ce sentiment sublime qui échauffe les grandes
ames , qui les éleve au-dessus d'elles-mêmes , qui
développe à leurs yeux toute la beauté de l'ordre
moral , qui dirige leurs actions & leurs pensées ,
non sur l'instinct du moment , mais sur le plan
éternel & invariable de la nature bien ordonnée ,
ce sentiment qui retranche à l'homme tout ce qui
est vil , & ne lui laisse d'activité que pour ce qui
est grand & juste , étoit profondément gravé dans
l'ame de ce Prince. La vertu présidoit à sa pensée ; elle respiroit dans ses discours ; elle étoit devenue la base de son caractere ; & à force de s'y
conformer , il ne la suivoit plus par principes
mais par besoin. De-là cette estime , ou plutôt ce
respect si tendre pour les hommes vertueux. Tout
ce qui lui offre l'image de la vertu , a des droits
sur son cœur. Il la respecte dans l'indigence , il

va au-devant d'elle dans le malheur. Quand la vertu eft malheureufe, difoit-il, c'eft le crime des hommes ; c'eft à ceux qui les gouvernent à le réparer. Il ne l'aviliffoit pas au point de la croire inutile au Gouvernement des Etats. Il eût été bien loin d'adopter cette politique infenfée de quelques Tyrans qui croyoient qu'il étoit peut-être bon de louer la vertu en public, mais qu'il falloit toujours la tenir éloignée des Trônes, qu'elle portoit de la foibleffe dans les grands intérêts, que ces hommes juftes ne favent que refferrer les limites de la puiffance, qu'il faut toujours étendre, & que l'intérêt de l'Etat, c'eft-à-dire, de ceux qui le gouvernent, eft de ne confier l'autorité qu'à des hommes qui fachent au befoin avoir le courage de la honte & l'audace du crime. O Peuples, par quels monftres vous avez été trop fouvent gouvernés ! Le DAUPHIN eût aimé à raffembler autour de lui les hommes vertueux : c'eût été un des projets de fa grande ame. Quel fpeſtacle que celui d'un Prince, qui du haut du Trône donne le fignal à la vertu, lui crie : fors de l'obfcurité, brife tes chaînes, que l'infulte & le mépris ceffent de te pourfuivre ; viens te ranger auprès du Trône ; viens l'honorer, il eft vil fans toi. Que l'humanité foit vengée, qu'au fon de ta voix elle leve fa tête affoiblie ; viens, amene avec toi tous ceux

qui fuivent tes préceptes fublimes ; uniffons-
nous pour le bonheur des hommes. Mille fois les
méchans fe font ligués pour le malheur & pour
le crime ; montrons à la Terre une ligue nouvelle , la ligue de tous les hommes vertueux pour
faire le bonheur d'une Nation. O vous , qui êtes
affez fiers pour croire mériter ce titre , je vous
appelle tous , j'implore votre fecours. Citoyens ,
Etrangers même , fi vous êtes vertueux , la Patrie
vous adopte. En fervant l'Etat vous devenez fes
enfans. J'afpire à la gloire d'être votre Chef. En-
chaînons le crime , commandons au hafard , di-
minuons la fomme des maux. Faifons tous enfemble l'effai de ce que peut fur la Terre l'autorité
unie à la vertu. Croit-on qu'avec de tels fentimens , il regardât les honneurs , le rang ou la
naiffance comme un droit qui difpenfe d'être vertueux ? Et qu'étoit la Nobleffe dans fon inftitu-
tion , que l'image facrée & le fymbole de la vertu
même ? Tout a été perdu , dès que ces deux
chofes ont été féparées. On peut donc juger de
quel œil il regardoit le vice même accrédité &
puiffant ; quel mépris il avoit pour ceux qui ,
chargés d'une illuftre naiffance , déshonorent
à la fois leurs aïeux & eux-mêmes , aviliffent &
les honneurs qu'ils ont , & ceux auxquels ils pré-
tendent , infultent à la renommée , & joignent
l'orgueil à la honte. Le DAUPHIN refpectoit

les titres, mais il jugeoit les perfonnes; & jamais la bienféance ne lui arracha pour les Dignités cet hommage du cœur qu'il n'accordoit qu'au mérite.

On ne peut être vertueux, fans être jufte; & cette qualité eft peut-être de toutes, celle qui eft la plus néceffaire au Prince. Comme il y a dans les grandes fociétés un effort continuel pour rompre l'équilibre d'égalité établi entre tous les Citoyens, la Juftice réagit contre cet effort, & tend à rétablir la proportion altérée par les forces qui fe combattent. C'eft la Juftice qui crie à l'homme puiffant, tu es efclave de la Loi; c'eft elle qui dit au riche, le pauvre eft ton égal. Si la Juftice s'affoupit, la tyrannie s'éveille : le monftre leve auffi-tôt fes cent bras; & les chaînes de l'oppreffion s'étendent. Je ne fais point un mérite au DAUPHIN d'avoir eu la juftice dans le cœur; c'étoit fon devoir, puifqu'il étoit Prince. Mais je remarquerai qu'elle tenoit en lui à un refpect inviolable pour les Loix. Comme il les avoit méditées, il avoit appris à les aimer. De-là fon éloignement pour les abus du pouvoir. Il penfoit que tout Membre de l'Etat ne doit être jugé que par la Loi de l'Etat, & que la liberté du Citoyen ne peut être facrifiée qu'à la liberté publique. Ce même fentiment lui faifoit détefter les accufations fecrettes, & cette efpece d'hommes auffi vile que

lâche

lâche qui trafiquent dans l'ombre, de la sûreté
de leurs Concitoyens. Il regardoit les délations
comme le ressort d'un Gouvernement foible &
corrompu qui avilit une partie des Citoyens, pour
perdre l'autre, corrompt les ames en payant l'in-
famie, & encourage à la calomnie par l'intérêt.
Pour rendre inutiles ces moyens honteux de nuire,
il vouloit qu'il n'y eût d'autres crimes que ceux
de la Loi, & que la Loi elle-même accusât ceux
qu'elle condamne. Ce Prince eût donc désiré
d'être juste ; mais pour l'être, il veut connoître
la vérité. Il s'effraye à la vue d'une espece de
conspiration générale pour plonger les Princes
dans l'erreur. Toutes les Histoires lui offroient
la vérité trahie dans les Cours par ambition ou
par foiblesse, des Rois qui ignoroient seuls ce qui
étoit sçu de l'Europe entiere, & les cris des Peuples gémissans représentés aux pieds des Trônes,
comme les acclamations de la félicité publique.
Epouvanté de ces exemples, il cherche par tout
la vérité ; il l'étudie dans les Livres ; il l'invite
dans les conversations ; il tâche de la familiariser
avec son rang ; il conjure ses amis de ne pas le
traiter comme Prince ; offrez-moi, leur dit-il, la
vérité sans détour, si vous m'en croyez digne. Il
faut publier, à la gloire de ceux qui l'ont appro-
ché, qu'il eut quelquefois ce bonheur. Il trouva
des hommes qui eurent le courage de lui dire des

C

vérités fortes , & il eut le courage encore plus
grand de les en aimer davantage. Comme il connoiſſoit les Cours , il ſavoit que de tout temps il
y a eu des flatteurs qui , pour plaire , ſe ſont fait
un ſyſtême de corrompre , & veulent aller à la
fortune par la baſſeſſe. Il avoit donc appris à ſe dé-
fier des hommes. Oſons le dire , la crainte d'être
trompé le rendoit ſoupçonneux : mais ce ſentiment
qui dans Tibere & Louis XI n'a produit qu'une
politique ſombre , dans Antonin ou Marc-Aurele
n'eût été qu'un inſtrument de plus pour le bonheur
public. Plaignons les hommes de ce que trop ſouvent c'eſt leur rendre juſtice que de les eſtimer
peu ; mais plaignons encore plus les Princes d'être
aſſez malheureux pour avoir acquis le droit fu-
neſte de juger ainſi l'humanité. Dans le DAUPHIN
cette défiance étoit même reſpectable , parce
qu'elle prenoit ſa ſource dans ſa paſſion pour le
bonheur des Peuples. Son cœur brûloit du ſaint
amour de la Patrie. Cet amour, cette vertu tendre
& ſublime devroit peut-être dans les Monarchies
être encore plus l'ame des Princes que des Citoyens. Les Princes ne ſont-ils pas les premiers
Enfans de la Patrie ? N'a-t-elle pas tout fait pour
leur grandeur ? Ne prodigue-t-elle pas pour eux
ſon ſang , ſes travaux , ſes richeſſes ? Ne ſont-ce
pas les Peuples qui nourriſſent le Pere de l'Etat ,
qui travaillent pour le ſervir , qui meurent pour

le défendre ? Ne doit-il pas y avoir entre eux &
lui un commerce touchant de bienfaits , de ser-
vices, & de reconnoissance ? L'ame du DAUPHIN
sentoit vivement ces rapports si doux du Prince
avec le Peuple. Dans ces temps malheureux où
l'inexorable nécessité de l'Etat forçoit d'augmen-
ter le poids des impositions publiques, il eût voulu
retrancher sur ses propres dépenses , pour dimi-
nuer le fardeau des Citoyens. Il calcule avec une
économie sévere , ce qu'il coûte à l'Etat. Il ne
veut point permettre que sa pension soit augmen-
tée. J'aimerois mieux , dit-il , que cette somme
pût être diminuée sur les tailles. Tristes Habitans
des Campagnes, vous qui dans les champs de vos
peres travaillez toute l'année pour payer à l'Etat
le fruit de votre industrie & de vos peines, le bruit
de la mort de ce Prince sans doute est déjà parvenu
jusques sous vos cabanes obscures. Vous l'avez
apprise peut-être , lorsque vous arrosiez quelque
sillon de vos sueurs. Ah ! que vos ames simples &
droites s'attendrissent sur lui ! Dites, en vous repo-
sant un moment sur votre charrue , il eût voulu
nous rendre heureux. Quand vous gémirez, quand
l'indigence fera couler vos pleurs , dites , hélas !
s'il eût vécu , sa main eût voulu les essuyer ! Dans
vos Temples grossiers , aux pieds de vos Autels
rustiques , offrez des vœux pour lui , il ne cessoit
d'en faire pour votre bonheur. Il a porté ce sen-

timent jufqu'au tombeau , & même en expirant , toujours occupé de vos befoins , il a craint d'être à charge après fa mort. Tant qu'il a vécu , ne pouvant faire le fort de la Nation , il fecouroit du moins tous les infortunés qu'il connoiſſoit. Une partie de la ſomme que l'Etat lui paye chaque mois , il la deftine à foulager les infortunes fe-crettes de ces familles qui , victimes à la fois de la miſere & de la honte , craignent d'expofer leur malheur à l'œil infultant du mépris. Il nourrit ces Guerriers qui n'ayant de patrimoine que l'hon-neur , font menacés de perdre par l'indigence , une vie qu'ils ont prodiguée pour l'Etat. C'eſt ainſi qu'en faifant du bien aux Particuliers , il ſe rend digne d'en faire à la Nation ; car le droit d'être bienfaifant eſt un droit qu'il faut mériter de la Na-ture : elle endurcit les ames viles pour les punir , & condamne leurs yeux à ne jamais verfer ces douces larmes qui font la plus pure récompenfe de la vertu. Rappellerai-je ce jour & cette chaffe déplorable où un hafard funefte amena fous les coups de ce Prince un Ecuyer malheureux ? Le DAUPHIN innocent montre le même défefpoir qu'Alexandre coupable. Non, je n'infulte pas l'hu-manité juſqu'à louer un Prince d'un fentiment qui n'eſt que jufte : c'eſt par de telles louanges que des efclaves corrompent des Rois. Mais ſon défefpoir , à la vue de cet événement funefte , fes transports, ses cris, ses pleurs, l'ardeur avec laquelle il se précipite sur ce corps sanglant, les soins tendres qu'il prodigue à cet infortuné, & par lesquels il semble vouloir le rappeller à la vie, la douleur profonde qu'il a toujours conservée, la lettre éloquente qu'il écrivit à la veuve, ses soins parternels pour le fils, sa résolution de renoncer pour toujours à un amusement qu'il aimoit, résolution qu'il a tenue le reste de sa vie, tout annonce en lui, non la pitié d'un moment, mais cette sensibilité profonde d'un cœur vraiment humain qui fait estimer la vie d'un homme, & sent que toute la puissance des Rois n'est rien pour réparer de tels malheurs.

Cette humanité, la première des vertus, avoit été développée en lui dans une de ces circonstances qui donnent à l'ame une forte secousse, & y laissent une impression qui ne s'efface plus. O jour de Fontenoi ! Jour de notre grandeur ! La France avoit vaincu sous les yeux de son Maître. Trois Nations avoient fui. Les débris de quinze mille hommes étoient répandus sur la plaine. Le tumulte avoit cessé. Un calme affreux régnoit sur tout ce champ de carnage. Des morts entassés sur des morts, des vainqueurs immolés sur des vaincus, des guerriers mutilés, des restes épars, des mourans & des hommes plus malheureux qui ne peuvent mourir, les gémissemens sourds, les

C iij

cris aigus, le fang, l'horreur, toutes les bleffures, tous les genres de mort, toutes les fcènes de carnage, quel fpectacle pour un jeune Prince élevé & nourri dans le Palais de Verfailles, & qui fort des Fêtes brillantes de l'Hymenée. C'eft la premiere leçon d'humanité que la Nature lui donne. L'éclat de la victoire difparoît, la pitié dans fon cœur éleve un cri touchant & terrible. Son Pere attendri, & qui pleure les malheurs des Rois, trouve à fes côtés un Fils digne de lui. Les larmes du DAUPHIN coulent. L'humanité s'écrie, tu feras digne de gouverner les hommes, & la Patrie qui l'obferve, fent avec tranfport qu'elle aura un ami dans un Prince. Cette fenfibilité étoit encore relevée par fon courage. On l'avoit vu donner des marques de valeur dans cette même bataille. On l'avoit vu, quand nos troupes fuyoient, quand la victoire étoit prefque décidée pour l'ennemi, vouloir s'élancer à la tête de la Maifon du Roi, pour aller charger cette colonne terrible; & il avoit fallu retenir un Prince de feize ans qui ne voyoit que la gloire où quarante mille hommes ne voyoient que le danger. Deux batailles de plus donnent la paix aux Nations. Mais des divifions nouvelles naiffent du fein même de la paix. Une étincelle en Amérique allume l'embrafement en Europe. On s'agite. Les Etats fe heurtent. Le Nord eft ébranlé. Le

Midi répond à ces grands mouvemens. Tout s'arme ; & tandis que les ravages de la guerre s'étendent vers les extrêmités de l'Amérique, de l'Afrique & de l'Asie, l'Allemagne est le centre d'un mouvement plus terrible. Cinq grandes Armées s'y entrechoquent. Les batailles se multiplient, les événemens se succédent, & la renommée attentive est occupée à publier les succès ou les revers. Parmi ces secousses générales, l'ame du DAUPHIN est agitée ; il brûle d'être utile à son Pays ; il porte tout le poids de l'oisiveté des Cours, & voudroit, à la tête des Armées de la France, balancer aussi la fortune, & se faire une renommée. Il sollicite aux pieds du Thrône l'honneur de commander. Jusqu'à présent, dit-il, je n'ai rien fait pour les Peuples ; j'apprendrai du moins à les défendre. Car, quoiqu'il sentît vivement combien la guerre est un fléau barbare ; il voyoit que tel est le sort des Rois, tel est cet équilibre si vanté de l'Europe, que parmi les chocs continuels de l'ambition, la guerre y est presque inévitable ; qu'un Prince a besoin de la connoître pour ne la pas craindre, & que pour n'être point attaqué, il faut pouvoir combattre. Il est important, disoit-il encore, qu'un homme qui doit régner soit connu dans l'Europe : sa réputation devient une partie de sa puissance. Si ses

vœux avoient pu être remplis, si la crainte d'ex-
poser une Tête si chere à l'Etat, n'eût forcé
l'Etat lui-même à se priver d'un tel secours,
l'Allemagne auroit vu de nouveau Germanicus à
la tête des Armées. Il fût peut-être devenu pour
la France, ce qu'a été pour l'Angleterre ce Prince
noir si célebre, mort comme lui à la fleur de son
âge, & pleuré aussi de son Pays. Il eût, comme
ces deux Princes, joint la sagesse à la valeur;
comme eux, il eût allié les graces à la dignité du
Commandement; & adoré des troupes, elles
eussent fait de grandes choses, autant pour lui
peut-être, que pour la Patrie. Tel est le sentiment
qu'il leur avoit inspiré dans le Camp de Compiegne, où on le vit honorer la dignité de Soldat
par toutes les caresses d'un Général, & enchanter
l'Officier par ces graces nobles dont le cœur d'un
François sent si bien le prix. O transports! O tendresse! On admiroit en lui la douce égalité, la
familiarité touchante, & ce charme secret qui va
si bien chercher les cœurs. Tous étoient à lui,
Officiers & Soldats, Citoyens, Etrangers, & la
Cour & le Peuple, tout étoit rempli de la plus
douce yvresse. On crut revoir des traits de Henri
IV. On crut quelquefois l'entendre. Son nom
étoit dans toutes les bouches. Chacun le bénis-
soit; & ces plaines de Compiegne, ces plaines

qu'il voyoit alors pour la dernière fois, ne réten-
tiſſoient que d'acclamations de joie, & de chants
militaires.

A tant de vertus, il joint le mérite plus
rare encore de ne pas les connoître. Sans faſte,
ſans oſtentation, auſſi loin de l'orgueil qui veut
s'élever, que de l'orgueil qui s'humilie, ſim-
ple dans ſes diſcours comme dans ſes mœurs,
inconnu à ſes propres yeux, il ne ſe doute
pas même des droits qu'il peut avoir à l'eſtime.
Sa modeſtie le calomnioit ſans ceſſe. Un jour il
s'étonne de s'entendre louer. Quel droit, dit-il,
ai-je à des éloges ? Je n'ai rien fait. Cette ame
noble & pure comptoit pour rien ſes vertus &
quinze ans de travaux pour ſe rendre utile. Ce
ſentiment ſe répandoit ſur toute ſa perſonne. Il
oublioit qu'il étoit Prince. Le faſte, qu'on prend
ſi aiſément pour de la grandeur, ne put jamais
approcher de lui. Il le mépriſoit. Il fuyoit le
luxe ; moins encore parce qu'il corrompt & re-
trécit l'ame, que par un goût naturel de ſim-
plicité. Econome, parce qu'il ne perdoit jamais
de vue la ſource des richeſſes des Princes ; il
craignoit toujours que ce qui étoit deſtiné à ſes
propres beſoins, ne fût le pain du Laboureur,
& l'aliment du Pauvre. Il craignoit preſque de
trouver ce fruit des impoſitions publiques, hu-
mide encore des larmes de quelques malheureux.

Par-tout ce que j'ai dit de l'ame du DAUPHIN, il eſt aiſé de voir que la ſenſibilité faiſoit la baſe de ſon caractere. On a demandé ſi dans un Prince cette qualité n'étoit pas plus dangereuſe qu'utile, & ſi la raiſon ſeule & l'amour général de l'ordre ne ſuffiſoient pas pour faire le bien. Je plains ceux dont l'ame indifférente & froide peut faire de pareilles queſtions. Je les plains de raiſonner ſi triſtement les devoirs, & de méconnoître ce pouvoir invincible du ſentiment ſur le cœur de l'homme. C'eſt la raiſon qui nous éclaire, mais c'eſt le ſentiment qui nous fait agir. C'eſt lui ſeul qui échauffe l'ame, & lui donne cette activité ra-pide & brûlante qui triomphe de tout, & exécute tout. C'eſt lui qui combat les paſſions viles par une paſſion généreuſe & forte. C'eſt lui qui anime le tableau de l'ordre & du bonheur public, mort pour celui qui ne voit que des proportions & des rapports. C'eſt lui qui fait l'enthouſiaſme des grandes choſes. C'eſt lui qui ſaiſit l'ame du Prince, qui la tranſporte au milieu de vingt millions d'au-tres ames, qui l'unit invinciblement à toutes celles-là, qui lui ôte ſon exiſtence particuliere, pour ne lui laiſſer que cette exiſtence commune & gé-nérale, qui humecte ſes yeux de toutes les larmes qui ſe répandent, qui le fait friſſonner à tous les gémiſſemens, qui le fait palpiter à la vue de tous les malheureux, qui porte ſur ſon cœur le contre-coup de tous les maux épars fur trois cens lieues de pays, qui le force par un pouvoir irréfiftible à foulager ceux qui fouffrent, pour fe délivrer lui-même d'une douleur qui le fatigue & le tourmente, qui le récompenfe enfuite par les tranfports raviffans qu'excite la vue d'un Peuple heureux, & multiplie encore le bien par le charme inconcevable de l'avoir fait. O raifon! O froide & calculante fageffe! as-tu jamais rien fait de pareil pour le bonheur des hommes?

Ce fentiment, le principe & l'ame des vertus, n'unit pas feulement le Prince aux peuples, il lui fait aimer d'autres devoirs moins étendus, mais non moins chers & plus près encore de la nature. Il préfide aux noms facrés d'époux, de fils & de pere. Toutes les vertus font liées. Celui qui ne remplit pas les devoirs d'un homme, ne remplira point ceux d'un Roi; & Louis XI, qui fut un fils dénaturé, ne fut pour les peuples qu'un tyran. Le DAUPHIN n'intéreffe pas moins fous ces nouveaux rapports; & comme il n'eut à rougir de rien, nous n'avons rien à déguifer. J'aime à revenir fur ces jours de fa jeuneffe, où fon cœur s'ouvrit pour la premiere fois au doux fentiment de l'amour, & où il forma aux pieds des autels les premiers nœuds. Son ame ardente & fenfible, & à qui la voix puiffante de la nature commençoit à parler, fe livra à tous les

transports d'une première passion ; & les charmes
de la vertu se mêlant à l'enthousiasme de l'amour,
sa passion même devint pour lui un ressort utile.
Elle commença à donner plus de vigueur à ses sentimens & d'étendue à ses idées. Il vivoit dans l'u-
nion la plus tendre : il étoit heureux. Vains songes
de la vie ! A peine avoit-il goûté le bonheur, que
tout ce qu'il aimoit lui fût arraché. Dans l'âge où
l'on commence à peine à sentir, il éprouva les
convulsions de la douleur & les tourmens du dé-
sespoir. O vous qui deviez le consoler, qui étiez
destinée à le rendre heureux le reste de sa vie, Prin-
cesse à qui il fut si cher, & qui le pleurez aujour-
d'hui avec la France, ah ! pardonnez si je retrace ici
ses premiers sentimens. Rien de ce qui intéresse sa
gloire ne vous est étranger : vous eûtes celle d'ef-
facer en lui des impressions terribles & profondes.
Vous lui apprîtes qu'il pouvoit connoître encore
l'amour ; & son ame flétrie sentit avec étonnement
qu'elle alloit renaître au bonheur. Seize ans se sont
écoulés dans l'enchantement de la société la plus
douce ; & la Cour a vu dans la maison d'un Prince
toute la simplicité des mœurs antiques. Sainte &
paisible innocence de deux jeunes époux qui s'ai-
ment, malheur aux siecles & aux villes où vous
ne seriez plus regardée comme le premier bonheur
& le plus touchant des spectacles ! Les douceurs
de la vie domestique ont pour les ames saines un

charme que les ames corrompues ne peuvent connoître. C'est le premier vœu de la nature ; elle
récompense tous ceux qui remplissent ses devoirs
simples & touchans. Peut-être même ces devoirs
sont-ils plus nécessaires aux Princes , qui n'étant
presqu'entourés que de courtisans & de flatteurs ,
privés des doux plaisirs de la confiance & de l'égalité, assez malheureux pour n'avoir presque rien
qu'ils puissent aimer, s'ils veulent goûter quelques-
uns de ces plaisirs de l'ame , charme nécessaire de
la vie , sont obligés de se rejetter dans les bras de
la nature. Le DAUPHIN y cherchoit l'heureux dé-
lassement de ses travaux. Tout le temps qu'il
n'employoit pas à des études pénibles , il le pas-
soit entre une épouse & des sœurs adorées. Leurs
cœurs unis s'épanchoient ensemble. Pourquoi ces
vertus d'un Prince ne sont-elles plus parmi nous,
que les vertus du peuple ?

Je parlerai avec le même plaisir de sa piété filiale,
& de son amour si tendre pour celui qu'il adoroit
comme pere, & respectoit comme Roi. Placé près
du trône, il parut n'envisager ce rang que pour le
redouter. Il ne s'occupoit que de travaux pour le
bien remplir un jour : il ne faisoit des vœux que
pour ne le remplir jamais. Je ne suis ni courtisan
ni orateur ; je ne suis qu'interprète de la vérité ,
& simple historien des pensées de ce Prince. Je
le vois au milieu de ses enfans , tantôt souriant à

leurs careffes , tantôt occupé du foin de former leurs ames encore jeunes , & de développer leurs idées naiffantes. Il regardoit comme le plus faint de fes devoirs celui de pere. Ah ! penfoit-il fouvent, fi le Citoyen obfcur doit compte à la Patrie des Citoyens qu'il lui donne , quelle dette n'ai-je pas à remplir , moi dont les enfans gouverneront un jour l'Etat ? Il faut d'abord que j'en faffe des hommes , pour en faire enfuite des Princes. Chaque vertu que je leur infpirerai fera un bienfait à la Patrie. Chaque négligence feroit un crime contre la nation. Je réponds à la poftérité & de tout le mal qu'ils peuvent faire , & de tout le bien qu'ils ne feront pas. Il s'occupoit donc tous les jours de leur éducation. Il s'attachoit fur tout à leur infpirer cette tendre humanité qui eft trop rarement la vertu des Cours. Conduifez mes enfans , difoit-il , dans la chaumiere du payfan ; montrez-leur tout ce qui peut les attendrir ; qu'ils voient le pain noir dont fe nourrit le pauvre ; qu'ils touchent de leurs mains la paille qui lui fert de lit. Je veux qu'ils apprennent à pleurer. Un Prince qui n'a jamais verfé de larmes ne peut être bon. Voilà les leçons qu'il vouloit qu'on leur donnât. Le jour où on leur fuppléa les cérémonies du baptême , il fe fit apporter devant eux le régiftre où la Religion infcrit les noms des enfans baptifés. Le nom du fils d'un artifan précédoit fur la lifte celui des jeunes

Princes. Il le leur montra. Apprenez-de-là , leur
dit-il , que tous les hommes font égaux par le
droit de la nature , & aux yeux de Dieu qui les a
créés.

Quoique tous fes enfans lui fuffent également
chers , fes premiers foins étoient pour l'enfant de
la patrie , pour celui que fa naiffance appelloit à
la fonction pénible & dangereufe de gouverner un
jour. Dès que l'ame de ce jeune Prince eût été capable de porter des leçons plus dignes de l'homme,
fon deffein étoit de lui donner alors une feconde
éducation. Alors il eût voulu être le premier gou-
verneur de fon fils. Ah ! dans ces conférences
fecrettes que n'eût-il pas dit à ce jeune Prince !
De quel ton il lui auroit parlé de fes devoirs !
Comme il fe feroit attendri en lui prononçant les
noms de la Patrie & du Peuple ! Comme à ces
noms fi doux il l'eût quelquefois arrofé de fes
larmes ! Comme il eût porté la perfuafion dans fon
cœur , en y verfant les fentimens enflammés du
fien ! O vous qui êtes chargé de ce précieux dépôt , fuppléez à tout ce qu'un pere auroit voulu
faire ! C'eft à vous qu'il a légué fes fentimens &
fon ame pour les tranfmettre à ce fils. Parlez-lui
fouvent des exemples de fon pere. Parlez-lui de
fes devoirs. Qu'il en connoiffe l'étendue. Mon-
trez-lui la deftinée de tout un peuple qui doit dé-
pendre un jour de fes vertus ou de fes vices, tous

les maux qu'il doit prévenir, tout le bien qu'il
doit faire, l'influence qu'il doit avoir sur les mœurs,
le respect qu'il doit inspirer pour les loix. Qu'il
sache que sa jeunesse n'est point destinée au plaisir ni au repos, que sa vie toute entiere doit être
pénible & laborieuse. Portez dans son ame une
terreur utile. Epouvantez-le par le tableau de
toutes les grandes qualités qui lui seront nécef-
faires, les lumieres pour juger, l'activité pour
agir, la circonspection pour douter, l'énergie de
l'ame pour vouloir, le génie de l'avenir, la science
du moment, la sûreté du coup d'œil, cette humanité qui met le Prince à la place du Sujet, cette
économie qui calcule le sang & les larmes, cet
empire de soi-même qui tient l'ame en équilibre
avec tout ce qui est au dehors, ce noble orgueil de
la conscience qui s'indigne des fausses louanges des
esclaves, enfin ce despotisme heureux de la vertu,
qui veut commander seule & sans partage sous
l'empire des Loix, pour arracher les Peuples à
l'empire des tyrans subalternes. Mais en l'effrayant
de ses devoirs, ah! faites-les lui aimer. Qu'ils deviennent son occupation la plus douce. Que sa
pensée ne puisse se reposer sur eux, sans que son
ame n'éprouve une émotion secrette. Qu'au milieu de ses travaux l'idée du bonheur public vienne
quelquefois l'attendrir utilement, & faire couler
quelques larmes de ses yeux. Telles auroient été
les

les intéressantes leçons que le DAUPHIN, s'il eût vécu, auroit donné à son fils.

Celui qui aimoit ainsi ses Enfans, sa Patrie, son Epouse, son Pere, devoit avoir besoin d'amis. Il en avoit. Ce n'étoit point les amis d'un Prince, c'étoit ceux d'un Particulier sensible. Il n'oublioit pas cependant qu'il étoit à la Cour. Comme un homme qui marche sur un terrein dangereux, & qui en marchant cherche à assurer ses pas, il observoit long-temps avant que d'aimer : mais son amitié, quand il la donnoit, étoit suivie de la plus douce confiance. Elle étoit toujours le prix de la vertu. Avec quelle tendre inquiétude il s'occupoit de ses amis pendant la guerre ! Leur absence faisoit éprouver des besoins réels à son cœur. Alors il avoit recours à cet art qui sans doute a été inventé par l'amour ou l'amitié, art qui rapproché les ames & communique les sentimens à la plus grande distance. Ses lettres étoient comme la conversation. Une gaieté douce & familiere s'y mêloit à la tendresse naturelle de son cœur. Il avoit ce tour aimable de plaisanterie qui suppose toujours la finesse des idées, tour si agréable quand c'est la nature qui le donne, si ridicule quand c'est la vanité qui le cherche. Il n'eût tenu qu'à lui d'avoir besoin de son rang pour se faire pardonner ses bons mots ; mais il se livroit à ce goût avec

D.

tout l'agrément d'un particulier, & toute la dif-
crétion d'un Prince.

On ne connoîtroit pas le D A U P H I N, si je
ne parlois d'un sentiment qui régloit en lui tous
les autres, & qui étoit profondément gravé dans
son cœur ; c'est la Religion. Je n'entrerai dans
aucun détail sur cet important sujet. Il appartient
aux Ministres des Autels. Déja ils ont fait re-
tentir les Temples de leurs éloges sacrés. Pour
moi je ne suis que l'orateur de la Patrie, & je
n'envisage ici le DAUPHIN que comme Prince.
C'est sous ce rapport que je regarderai l'esprit de
Religion, & que je verrai sur-tout en lui un frein
puissant qui soumet à des Loix invincibles, ceux
qui par la force font au-dessus des Loix. L'esprit
religieux donne un maître à celui qui n'en a pas.
Il affermit sa morale. Il contrebalance ses passions.
Il met un prix à ses vertus. Il place le remords
à la suite du crime, & la crainte à côté de
la toute-puissance. Il montre un Juge entre les
Rois & le Peuple. Il leur fait voir au-dessus de
leur tête un dépôt terrible où va se rendre chaque larme qui coule & qu'ils pouvoient empêcher, chaque goutte de sang qu'ils ont versé in-
justement, chaque soupir du foible qu'ils n'ont
pas entendu, chaque cri de l'infortuné auquel
ils ont été insensibles. Il les traîne d'avance à
ce tribunal où l'infortune publique élevera sa voix

pour les accuser, où vingt millions d'hommes réunis, crieront tous à la fois : ô Dieu ! qui nous as créés, rends-nous justice, nous avons été malheureux. Il leur offre sur-tout un grand & magnifique modele. La contemplation du premier Etre éleve & agrandit l'ame. Elle la soutient dans des combats dont Dieu est le témoin. Elle lui défend de s'avilir devant Dieu qui la voit. Ah ! si la vue d'un ami vertueux m'empêche de faire le mal, que sera donc le Prince qui marche en présence de Dieu ? Celui qui médite l'éternelle Justice, doit être juste. Celui qui pense à la Bonté infinie deviendra bon. Sans cesse il tendra à se perfectionner lui-même, & à s'approcher de l'Etre qu'il contemple. Sainte & sublime idée de Dieu, remplis donc l'ame des Rois ou de ceux qui doivent le devenir, & pour le bonheur de l'humanité, fais qu'ils soient religieux afin qu'ils soient justes. Le DAUPHIN étoit profondément rempli de ces idées, & il les regardoit comme un garant de plus du bonheur des hommes. Un esprit comme le sien accoutumé à des lectures fortes qui avoient élevé son ame en l'éclairant, ne pouvoit confondre avec la Religion, cette superstition qui la déshonore. Aussi sage qu'instruit, aussi éloigné de la licence qui ôte des chaînes utiles & sacrées, que de la superstition qui veut en donner de nouvelles , il honoroit Dieu avec la grandeur que cet Être fuprême exige de l'homme. Il protégeoit les Miniftres des Autels comme Citoyens ; il les refpectoit lorfqu'ils s'honoroient par leurs mœurs. Il avoit appris par l'Hiftoire que dans certains fiècles il avoit fallu les craindre. Le choc éternel du Sacerdoce & de l'Empire lui avoit fait chercher fans préjugé comme fans foibleffe les limites des deux pouvoirs , limites trop fouvent déplacées par l'ambition , par l'ignorance ou par les mains fanglantes du fanatifme. Les maux que ce fanatifme avoit caufés d'un bout de l'Europe à l'autre , lui en avoit infpiré une jufte horreur. Il lifoit avec plaifir ces livres où la douce humanité lui peignoit tous les hommes & même ceux qui s'égarent , comme un peuple de freres. Auroit-il donc été lui-même ou perfécuteur ou cruel ? Auroit-il adopté la férocité de ceux qui comptent l'erreur parmi les crimes & veulent tourmenter pour inftruire. Ah ! dit-il plus d'une fois, ne perfécutons point. Ce n'eft pas ainfi qu'on éclaire les hommes. Empêchons qu'ils ne faffent du mal, mais fans leur en faire. Peuples , Soldats , Citoyens, voilà le Prince que vous regrettez. Voilà celui qui étoit deftiné à vous gouverner un jour. Mais tant de connoiffances & de vertus devoient être inutiles à la Patrie. Il devoit mourir jeune , & avant d'avoir goûté la douceur de faire du bien à fon pays. Depuis plufieurs années il portoit dans fon fein le germe d'une maladie funefte. Long-temps nous l'avons vu fe flétrir & fe confumer fous nos yeux. Chaque jour lui ôtoit une partie de lui-même ; mais il n'interrompit jamais fes travaux, & il fembloit furvivre à fes forces par le défir de nous être utile. L'efpérance nous reftoit encore ; elle difparut à la fin. C'eft alors que nous avons vu un fpectacle à la fois touchant & magnifique. C'eft alors que nous avons connu ce Prince qui jufqu'à ce moment l'avoit été trop peu. Ne craignons pas de l'avouer, il a commencé à paroître grand lorfque les autres ceffent de l'être. Forcé pendant trente ans à n'être rien, il lui a fallu mourir pour montrer ce qu'il étoit ; & le trifte flambeau de la mort, feul a répandu fa lumiere fur fa vie. Pour le louer ici, l'éloquence n'a rien à exagérer : il fuffit de raconter. On lui annonce qu'il doit mourir : il n'en eft pas ému. Son cœur eft tranquille & fon vifage ne s'altere pas. Sa gaieté même ne l'abandonne pas un moment. Entouré de vifages défolés, lui feul paroît indifférent & calme. Sa grandeur eft fans effort, & fa fermeté fans oftentation. Il ne s'éleve pas. Il ne voit pas même qu'on le regarde. Chaque jour il mefure l'état où il eft, par la force de fes idées, & calcule avec tranquillité la diminution fucceffive de fon être. Il a le loifir de fe livrer à

l'impreſſion de tous les objets qui l'affectent. Il
obſerve tout. Il ſourit au milieu de ſes douleurs.
Une douce plaiſanterie ſe mêle à ces momens
affreux. On diroit qu'il n'eſt que le ſpectateur
d'une choſe indifférente ; & la mort ne ſemble
être pour lui qu'une action ordinaire de la vie.
Quoi ! dans le moment où tout échappe , où
le Trône s'enfonce & ne laiſſe voir à ſa place
qu'un tombeau qui s'ouvre , quand tous les êtres
qui environnent l'ame , s'en détachent & ſe re-
culent, quand les ſens qui la lient à l'Univers ſe
retirent , quand les reſſorts de la machine crient
& ſe rompent, lorſque le temps n'eſt plus que le
calcul lent & affreux de la deſtruction , quand
l'ame ſolitaire arrachée à la nature & à ſes propres
ſens eſt ſur le point d'entrer dans un avenir impé-
nétrable , quoi dans ce moment être tranquille !
Qui peut ainſi affermir l'homme au milieu de
tout ce qu'il y a de plus effrayant pour l'homme ?
Ah ! c'eſt la paix de l'homme de bien. C'eſt
la douce conſcience de la vertu. C'eſt le ſentiment ſecret de l'immortalité ; l'immortalité ! le
plus ſaint des déſirs , la plus précieuſe des eſ-
pérances , qui pendant la vie donne des tranſ-
ports à l'ame généreuſe, & raſſure à la mort
l'ame juſte. Et que peut craindre l'homme vertueux quand il va rejoindre le premier Etre ? N'a-
t-il pas rempli le poſte qui lui étoit aſſigné dans la

nature ? Il a été fidele aux loix qu'il a reçues. Il
n'a point défiguré son ame aux yeux de celui qui
l'a faite. Peut-être a-t-il ajouté quelque chose à
l'ordre moral de l'Univers. L'heure sonne. Le
temps a cessé pour lui. Il va demander à Dieu la
récompense du Juste. C'est un fils qui a voyagé
& qui retourne vers son pere. Qu'est-ce qu'un
trône dans ce moment ? Un grain de sable un peu
plus élevé sur la terre. Alors ces vains objets
disparoissent. Mais il en est de plus touchans &
qui ont le droit d'intéresser jusques dans les bras
de la mort. Ce sont ceux qui pendant une vie
courte & agitée ont été les appuis de notre foiblesse : ce sont les ames sur qui notre ame se repo-
soit avec attendrissement, & qui partageant avec
nous nos plaisirs & nos peines, nous faisoient
éprouver les charmes si doux de la sensibilité.
C'est en les quittant que l'ame se déchire. C'est
alors que l'on meurt ; car qu'est-ce que mourir,
sinon se séparer de ceux qu'on aime ? L'ame du
DAUPHIN malgré sa fermeté a donc senti la mort.
Car son courage n'a point empêché qu'il ne fût
sensible. Il a rempli en mourant les plus tendres
devoirs envers tous ceux qu'il a aimés. Ses mains
affoiblies pressent celles du meilleur des peres. Il
lui recommande ceux qui lui ont été chers, & dé-
pose dans son cœur paternel des soins que son
amitié ne peut plus remplir. Il partage toute la

douleur d'une Mere. Il donne les marques de
l'amour le plus tendre à une Epouſe qu'il adore,
à des Sœurs qu'il a toujours chéries. Sa main mou-
rante détache deux boucles de ſes cheveux. Il
leur remet ce gage, triſte partie de lui-même,
qu'elles verront encore quand il ne ſera plus. Il
prend la main d'un homme qu'il avoit aimé ;
il la ſerre contre ſon cœur, & lui dit, vous
n'êtes jamais ſorti de ce cœur-là. Il fait raſſem-
bler autour de ſon lit tous ceux qui par leur rang,
par leur devoir, par les nœuds bien plus reſpec-
tables de l'amitié, avoient été attachés à ſa perſonne. Il les regarde tous avant de mourir. Il les
remercie avec l'affection la plus tendre. Il s'émeut
en les voyant pleurer. Ah ! dit-il, je ſavois bien
que vous m'aviez toujours aimé. Mais vous, ô ſes
amis, vous qui aviez été les confidens de toutes
ſes penſées, & qui cachés dans ce moment, vou-
liez lui dérober vos larmes, ſon œil vous cherche,
il veut encore une fois ſe repoſer ſur vous. Il
vous reconnoît, mais ſon ame attendrie ne peut
ſupporter ce ſpectacle, & il ſe détourne en ſou-
pirant. Déja il ſe ſentoit affoiblir. Il veut dire
adieu à ſes Enfans. Il veut les embraſſer encore
une fois, leur donner la derniere bénédiction &
les derniers avis d'un Pere. Mais il craint de ne
pouvoir ſoutenir une ſcène auſſi touchante. Il appelle celui qui eſt chargé de leur éducation. Son

cœur lui confie les derniers mouvemens de sa tendresse pour ses Enfans, & sa voix entrecoupée, affoiblie par la douleur & par l'amour, peut à peine prononcer les dernieres paroles. Prêt à expirer, les questions qu'il fait encore sont sur les personnes qu'il aime, & qu'il ne voit plus. On avoit arraché d'auprès de lui l'Epouse à qui il étoit si cher. Son repos, son état l'occupe encore dans ce moment. Ah ! du moins, demande-t-il, peut-elle pleurer ? Il ne faut pas que la Patrie ignore que son souvenir fut aussi mêlé aux derniers momens de ce Prince. Presqu'en mourant il fit des vœux pour elle ; & ses bras à demi-glacés se souleverent pour demander au Ciel le bonheur de la France. Ainsi est mort ce Prince trop peu connu, & qui ne sera jamais assez regretté ; ce Prince qui a été vertueux à la Cour, qui eût été populaire sur le Trône, qui aimoit sincerement l'Etat & l'humanité, qui a eu toutes les vertus d'un homme, & qui auroit eu celles d'un Roi ; qu'on a méconnu, parce qu'il n'avoit pas cet empressement qui court à la renommée, dont l'exemple apprend à tous les Princes comme ils doivent vivre, & à tous les hommes comme ils doivent mourir. Il a mérité nos regrets, notre estime, peut-être notre admiration : la postérité le louera sans doute, & la Justice tardive honorera du moins son tombeau.

La mort d'un homme vertueux eſt un malheur pour l'humanité entiere : non que ſon influence puiſſe s'étendre ſur le Monde ; quelquefois il vit & meurt obſcur ; mais il n'eſt pas moins vrai qu'il orne la Terre, & donne plus de dignité à la Nature humaine. Ce ſont ces ames qui réconcilient les regards de Dieu avec la Terre. Mais ſi l'homme vertueux qui meurt étoit un Prince, s'il eſt mort à la fleur de ſon âge, s'il devoit faire un jour le bonheur des hommes, quelle doit être alors la douleur publique ? La mort du DAUPHIN a intéreſſé la France, & les ennemis même de la France. La Cour qui l'a vue de plus près, en a été conſternée. Les vaſtes Palais de Fontainebleau ont été baignés de larmes. On arrache la Famille Royale à un ſéjour déſolé. On fuit : ces Palais immenſes deviennent déſerts, & la mort ſeule y habite : mais tous les cœurs reſtent attachés à cet Appartement funebre ; ils errent autour de ce lit de mort, & fixés près d'une vaine cendre, redemandent au Ciel ce qui n'eſt plus. Quel retour ! Preſque juſqu'au dernier moment on avoit eſpéré. On revoit ces chemins par où il avoit paſſé, où la douce eſpérance le ſoutenoit encore. Ces chemins retentiſſent de gémiſſemens. La nouvelle arrive dans Paris : en un inſtant elle eſt répandue dans les Maiſons, dans les Places publiques. *Il eſt mort.* A ce mot, qui de nous

n'a été attendri ? Notre froide indifférence s'eſt
émue. Nos vains plaiſirs ont été ſuſpendus.
Tous les vrais Citoyens ont pleuré. Le Riche
s'eſt étonné de ſe trouver ſi ſenſible. Le Pauvre
a ſenti qu'il pouvoit être plus malheureux. Le
Peuple , ce bon Peuple , toujours vrai dans ſa
douleur comme dans ſa joie , a formé des regrets ſinceres , il a gémi de cette mort comme
d'une calamité perſonnelle pour lui. Les Soldats
en pleurant , ont renverſé leurs Drapeaux. On a
pris le deuil dans les Provinces éloignées. L'a-
mour de la Patrie qui y eſt plus vif , y a rendu
la douleur plus touchante. Plus on aime la vertu , & plus on a regretté ce Prince. Tous les
Temples ont été revêtus de deuil. Le deuil eſt
étendu ſur la France ; mais le cri de la Nature
s'éleve au milieu de la douleur générale de la Nation : la Nature déſolée pleure une double perte.
Quel moment que celui où un Roi qui vient de
perdre ſon Fils déja formé pour le Trône, un Roi
ſenſible , un Pere tendre , pénétré de douleur,
ſe fait amener les Princes ſes Petits-Fils , ſaiſit
avec tranſport l'aîné de ces jeunes Enfants , l'en-
leve entre ſes bras, le preſſe contre ſes joues
mouillées de larmes , & s'écrie pluſieurs fois en
pleurant , vous êtes donc mon ſucceſſeur. A ce
ſpectacle perſonne ne peut retenir ſes larmes ; &
toute la Cour en ſilence crut perdre le DAUPHIN

une seconde fois. Ainsi, ô révolution des temps !
ainsi, après la mort du célebre Duc de Bourgogne, on vit Louis XIV en cheveux blancs,
panché sur le berceau de Louis XV, le caresser
de ses mains royales, & regarder avec attendrissement dans ce jeune Enfant, l'espérance d'un
grand Peuple.

Mais vous, sur qui maintenant les yeux de la
Patrie sont fixés, vous qui occupez la place du
Prince que nous regrettons, en succédant à son
rang, Prince, succédez aussi à ses vertus. Qu'un
si grand exemple ne soit pas perdu pour vous. Je
crois entendre votre auguste Pere qui vous dit
encore : mon Fils, vous êtes né pour régner, mais
votre naissance n'est qu'un hasard dangereux, votre enfance n'est qu'un état de foiblesse. A votre
âge qu'êtes-vous pour l'humanité ? Qu'êtes-vous
pour la Patrie ? Acquérez des vertus, vous mé-
riterez des hommages. Votre rang vous promet
des grandeurs, vos vertus seules vous donneront
l'estime des hommes. Vous avez des respects,
mais ils ne sont point encore à vous. Ne vous
y trompez pas : on honore en vous le rang qui
vous est destiné ; on honore le sang de votre
Aïeul. Méritez qu'un jour ces respects d'un Peuple
s'adressent à vous-mêmes. O Prince ! plus avancé
en âge, vous entendrez souvent prononcer le
nom de votre Pere. On vous demandera compte

de ce qu'il eût voulu faire pour la France. Sa mort vous a chargé d'une dette immenfe, & qu'une vie entiere confacrée à l'Etat peut à peine acquitter. Croiffez pour la Patrie. Croiffez pour la rendre heureufe. Ah ! fi jamais des flatteurs cherchoient à corrompre votre ame, fi l'oubli des faints devoirs que votre rang vous impofe, pouvoit un jour vous égarer, alors puiffiez-vous voir la tombe de votre Pere ! Jurez fur cette tombe d'être vertueux, d'aimer la Patrie, de travailler à fon bonheur ; ou fi jamais ce trifte & utile fpectacle ne devoit frapper vos yeux, ah ! les lieux même qu'il a habités, ces lieux témoins de fes travaux, ces appartemens qui ont retenti plus d'une fois des témoignages de fa juftice & de fa bonté, tout vous reprocheroit un jour de ne pas lui reffembler. On vous remettra dans quelques années ces Manufcrits précieux où fes fentimens font tracés. Vous y trouverez par-tout l'amour du bien public, & ce défir facré du bonheur des hommes. Si la vertu n'étoit pas dans votre cœur, pourriez-vous en foutenir la vue dans ces Ecrits ? Ah Prince ! l'heureufe néceffité d'être vertueux vous environne de toute part. Ceux qui ont entouré votre Pere, qui l'ont entendu, qui l'ont admiré, vous redemanderont fes vertus & fon ame. Les éloges même que dicte par-tout la douleur publique, font pour vous un engagement

nouveau. Vous y verrez vos devoirs tracés par
des plumes éloquentes. Pardonnez ; j'ai ofé auffi
me mêler dans la foule des Orateurs ; j'ai ofé ,
comme Citoyen , élever ma foible voix. Si elle
parvient jufqu'à vous , fi l'amour de l'Etat qui
m'anime peut donner quelque prix à mon hommage , fi les vertus du Prince que j'ai loué font
furvivre cet Ecrit aux premiers momens de la
douleur publique , ô Prince ! puiffiez-vous quelquefois le lire ; puiffiez-vous , en le lifant , vous
attendrir , & fur la France , & fur votre augufte
Pere , & ne pas défapprouver le zele d'un Citoyen obfcur , mais vrai & libre , qui ne connoît
de langage que la vérité , & de paffion que celle
de l'amour de fon Pays & de fes Concitoyens.

Tibi providendum e a bonis defideretur. Tacit.

APPROBATION.

J'Ai lu , par l'ordre de Monfeigneur le Vice-Chancelier ,
un Manufcrit intitulé , *Eloge de Louis Dauphin de France* ,
& je n'y ai rien trouvé qui m'ait paru devoir en empêcher
l'impreffion. Ce 22 Mars 1766. SAURIN.

www.ingramcontent.com/pod-product-compliance
Lightning Source LLC
LaVergne TN
LVHW022134080426
835511LV00007B/1132